ANNE SOHIER-FOURNEL

BRACELETS SHAMBALLA

TECHNIQUE ET MODÈLES

PHOTOGRAPHIES DE RICHARD BOUTIN

Marabout

Derrière le succès planétaire des bracelets shamballa, il y a bien plus que quelques perles de strass réunies par de simples nœuds ! Les rappeurs américains ont lancé cette mode il y a deux ans pour s'éloigner des gourmettes en or, et depuis de grands noms de la mode et du show-biz portent et collectionnent les shamballa rock aux couleurs sombres qui se parent de perles en hématite noires et argent auxquelles s'ajoutent parfois des diamants...

À l'origine, Shambhala est un royaume mythique du bouddhisme tibétain situé au plus profond de l'Asie. En sanskrit, ce mot signifie « lieu du bonheur paisible », et il est symbole de paix et de perfection. Porter un bracelet shamballa est donc porteur de sens spirituel... Il aide à la méditation et on lui prête des vertus curatives en fonction des pierres naturelles et précieuses qui le composent.

Chacun peut trouver le bracelet qui lui ressemble : des perles rondes noires, rouges ou blanches aux couleurs très tendance encerclées par un joli entrelacement de corde en nylon, sobre et élégant à la fois, des perles strass pour des bracelets plus « bling-bling » ou bien encore fluo pour des accessoires aux tons plus fun, un nouage en tissage macramé pour fermer et des petites perles fixées aux extrémités. Laissez parler votre imagination et votre inspiration pour créer votre propre shamballa !

Les bracelets shamballa se composent toujours d'un nombre impair de perles. À condition de suivre ce principe et une fois que la technique est acquise... toutes les compositions et tous les choix de couleurs de fils et de perles sont possibles... Laissez parler votre imagination !

modèle n° 3 – pages 32-33

modèle n° 4 – pages 34-35

modèle n° 6 – pages 38-39

modèle n° 3 – pages 32-33

modèle n° 5 – pages 36-37

modèle n° 4 – pages 34-35

modèle n° 3 – pages 32-33

modèle n° 3 – pages 32-33

modèle n° 1 – pages 8-9

modèle n° 3 – pages 32-33

modèle n° 2 – pages 30-31

modèle n° 5 – pages 36-37

UN PEU DE MATÉRIEL...

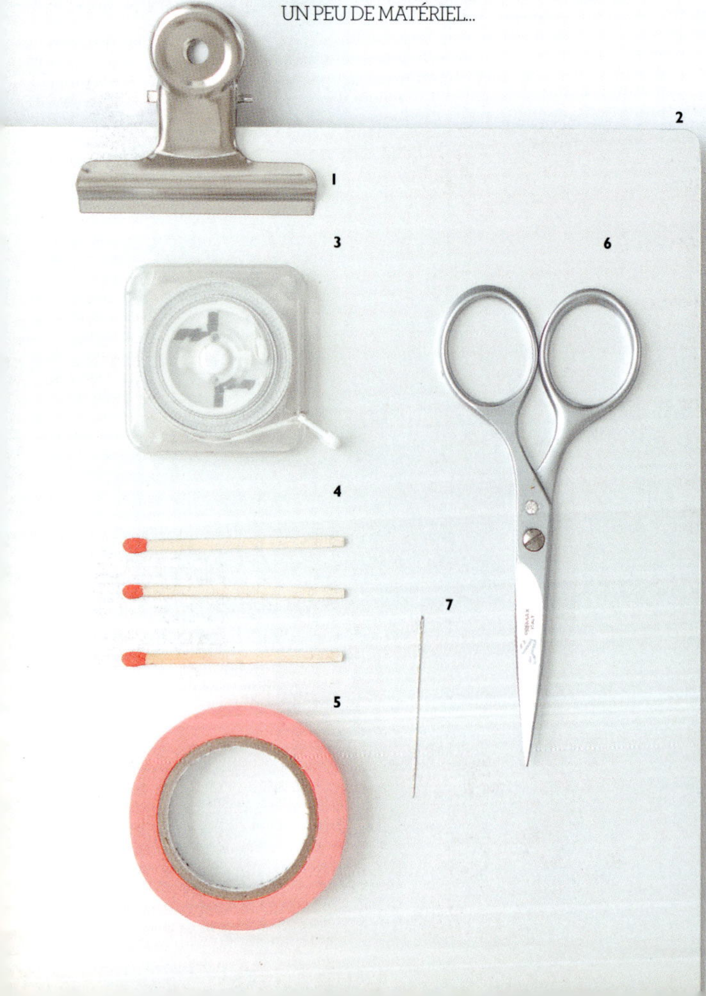

1 – PINCE À DESSIN

2 – PORTE-DOCUMENTS

3 – MÈTRE À RUBAN

4 – ALLUMETTES

5 – MASKING TAPE

6 – PAIRE DE CISEAUX

7 – AIGUILLE

ET QUELQUES FOURNITURES

8 – PERLES STRASS MULTICOLORES DE 8, 10, 12 ET 14 MM DE Ø

9 – PERLES ARGENT DE 4, 6 ET 8 MM DE Ø ET PERLES POUDRE D'ARGENT DE 10 MM DE Ø

10 – PERLES MAGIQUES MULTICOLORES DE 4, 6, 10 ET 12 MM DE Ø

11 – PERLES MAGIQUES EN HÉMATITE DE 4, 6 ET 10 MM DE Ø

12 – FIL DE NYLON DE 1 MM DE Ø

13 – FIL DE NYLON DE 0,8 MM DE Ø

14 – FIL DE COTON CIRÉ DE 0,8 MM DE Ø

15 – FIL DE NYLON DE 0,8 MM DE Ø

8

9

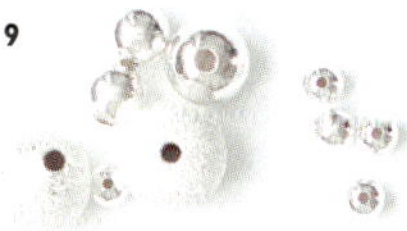

10

11

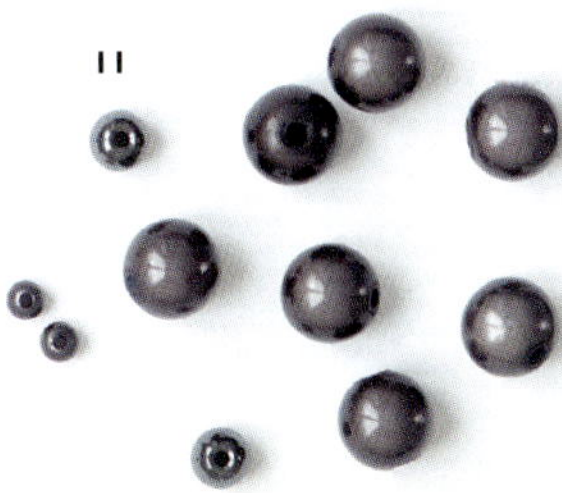

12

13

14

15

3

SHAMBALLA TRADITIONNEL

Le secret de fabrication : 1 nœud plat à droite, 1 nœud plat à gauche et ainsi de suite... quelques perles à insérer, une système de coulisse... c'est tout ce qu'il faut savoir !

1 – 7 PERLES MAGIQUES EN HÉMATITE DE 10 MM DE Ø

2 – 2 PETITES PERLES EN HÉMATITE DE 6 MM DE Ø

3 – 2 M DE FIL DE NYLON NOIR OU DE COTON CIRÉ DE 1 MM DE Ø

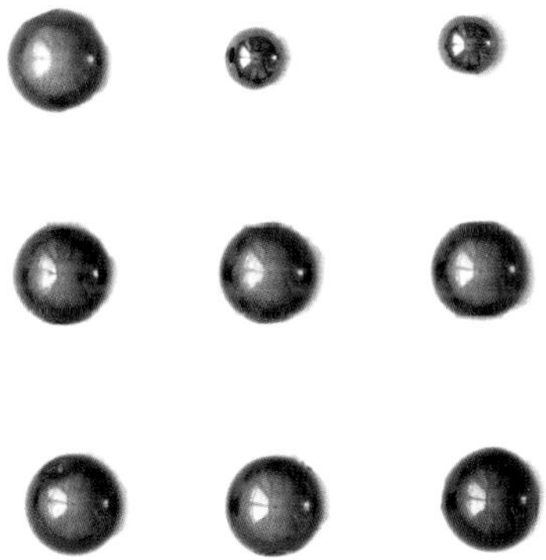

2

1

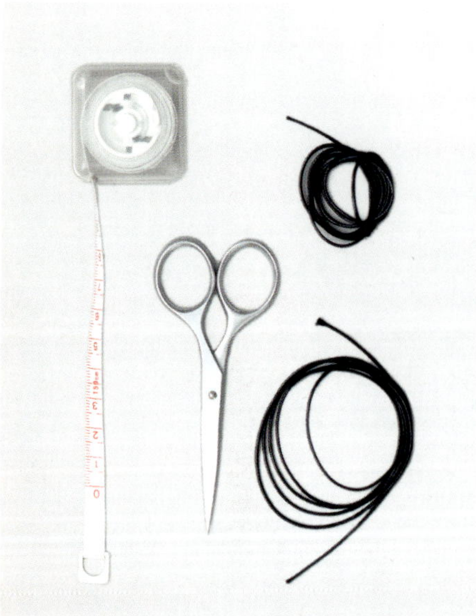

1 - Coupez 2 longueurs de fils de 40 cm (ou 2,5 fois le tour de votre poignet) et une autre 1,20 m.

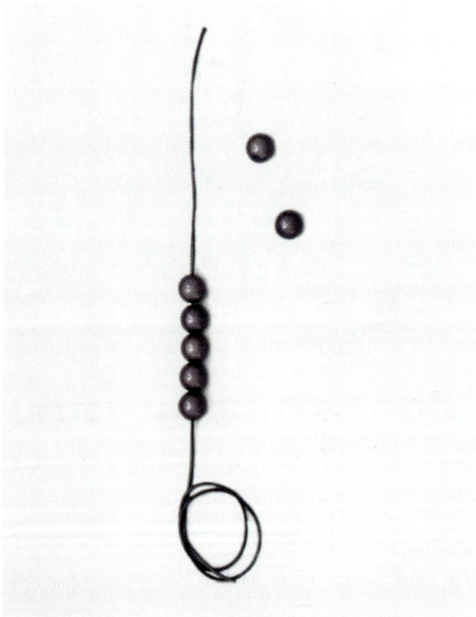

2 - Enfilez 7 perles sur un des fils de 40 cm avant de commencer les nœuds.

** Pour faciliter les explications, le fil « colonne vertébrale » est en gris au lieu d'être en noir.*

Scotchez le fil en haut et en bas ou fixez-le avec des pinces.

4 – Pliez en deux le fil de 1,20 m pour repérer le milieu et nouez-le sur le fil de 40 cm, à environ 10 cm du haut. Le fil de 40 cm sert de « colonne vertébrale », le fil de 1,20 m sert à réaliser les nœuds*.

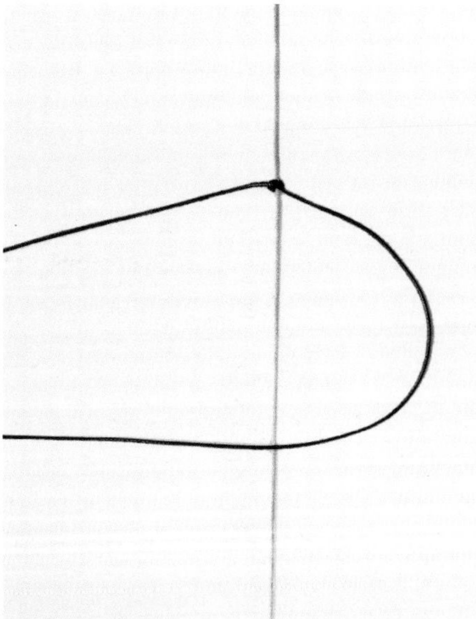

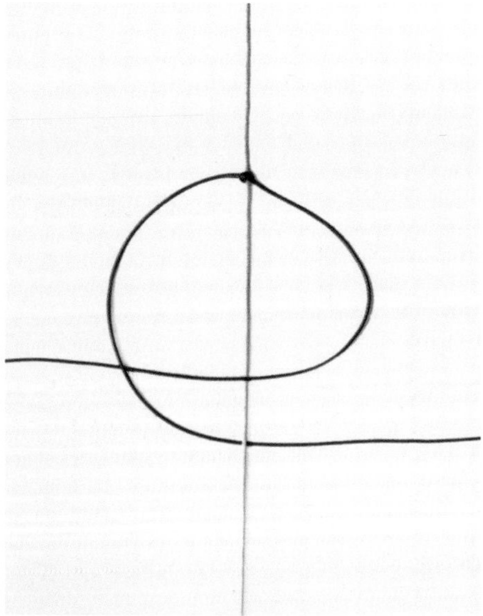

5 - Faites le premier nœud plat. Formez une boucle avec le fil de droite, en passant sur le fil du milieu.

6 - Faites passer le fil de gauche sur le fil de droite et sous le fil du milieu.

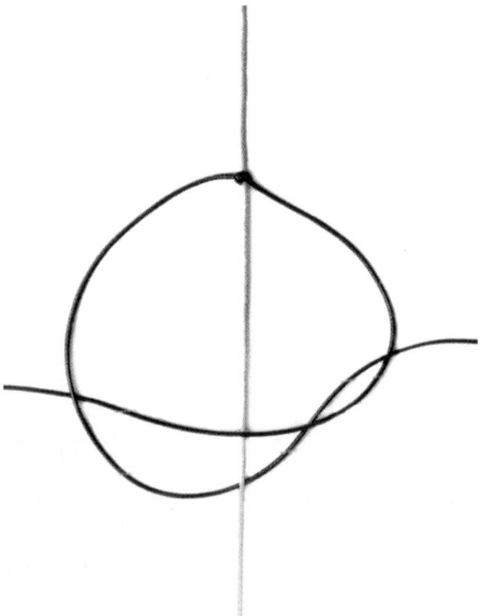

7 - Faites ressortir le fil de gauche dans la boucle de droite.

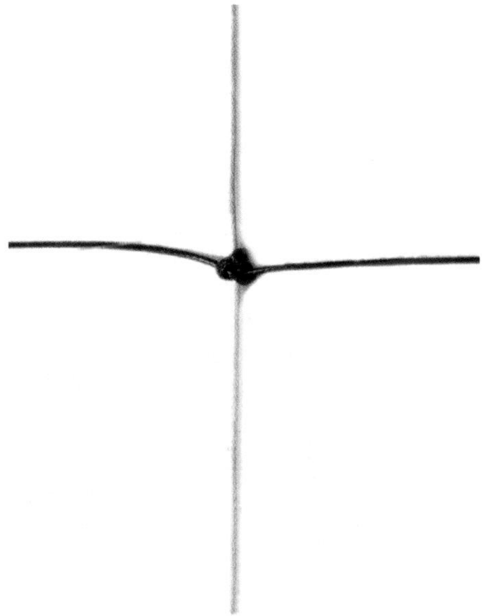

8 - Serrez en tirant sur les 2 extrémités du fil. Le premier nœud plat à droite est réalisé.

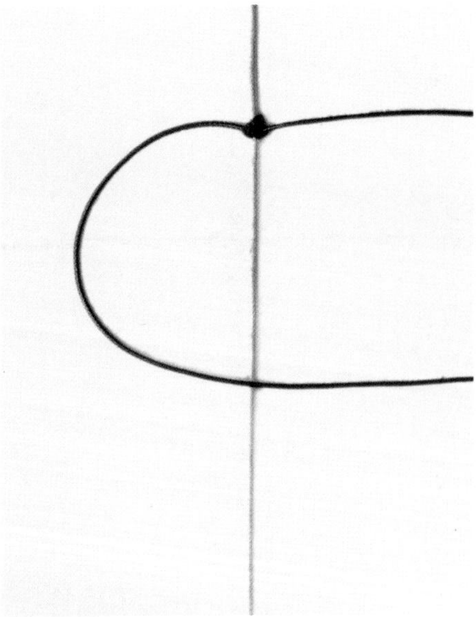

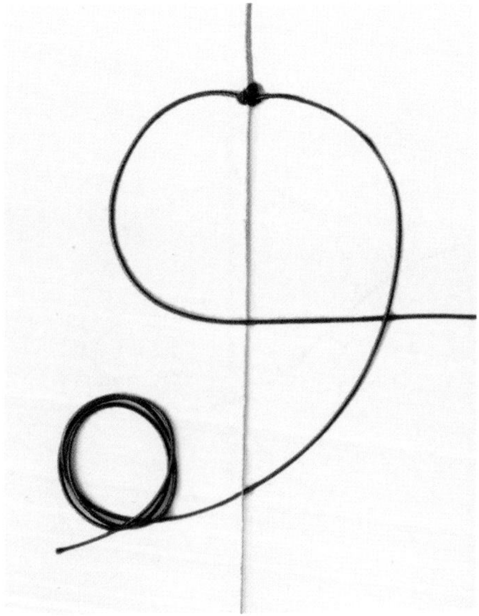

9 - Faites un deuxième nœud plat, à gauche. Formez une boucle avec le fil de gauche, en passant sur le fil du milieu.

10 - Passez le fil de droite sur le fil de gauche et sous le fil du milieu.

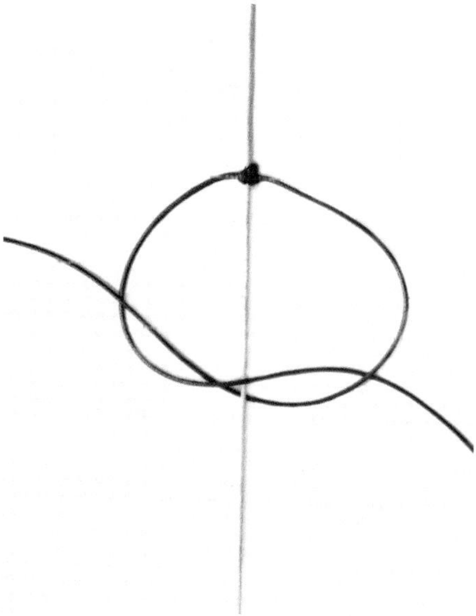

11 - Faites ressortir le fil de droite dans la boucle de gauche.

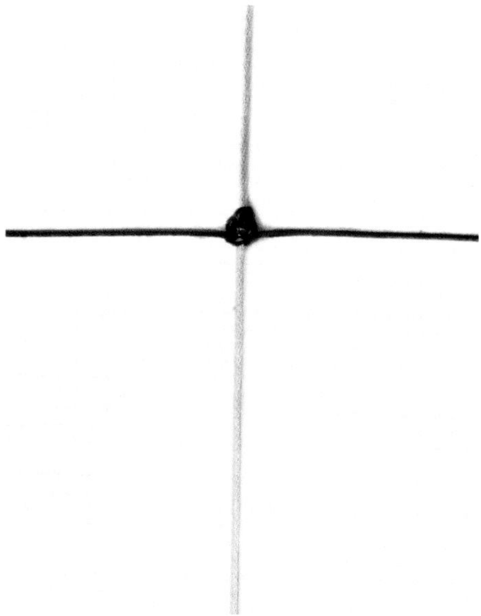

12 - Serrez en tirant sur les 2 extrémités du fil. Le deuxième nœud plat à gauche est réalisé.

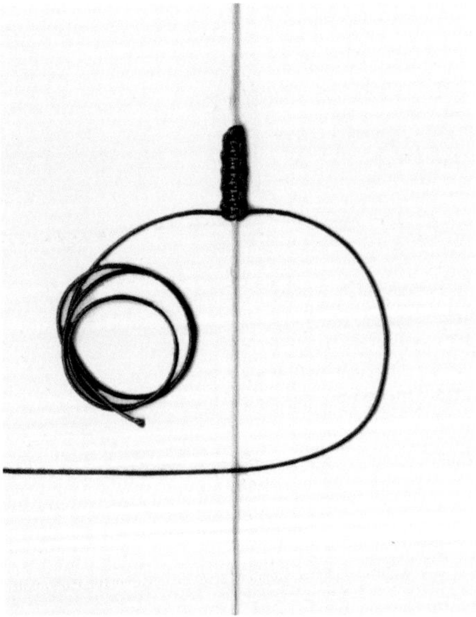

13 - Continuez sur 2,5 cm en alternant un nœud plat à droite et un nœud plat à gauche.

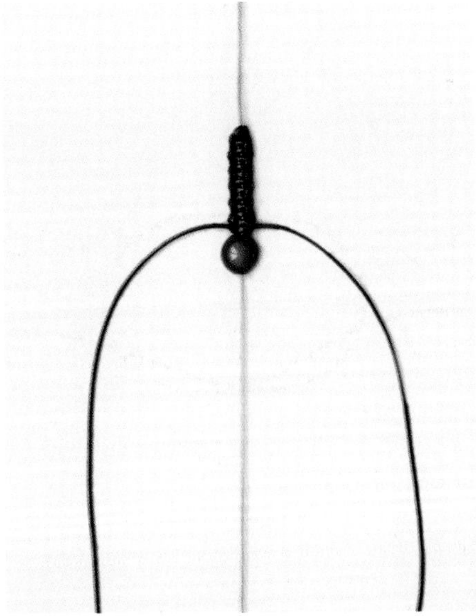

14 - Prenez la première perle et glissez-la contre les nœuds.

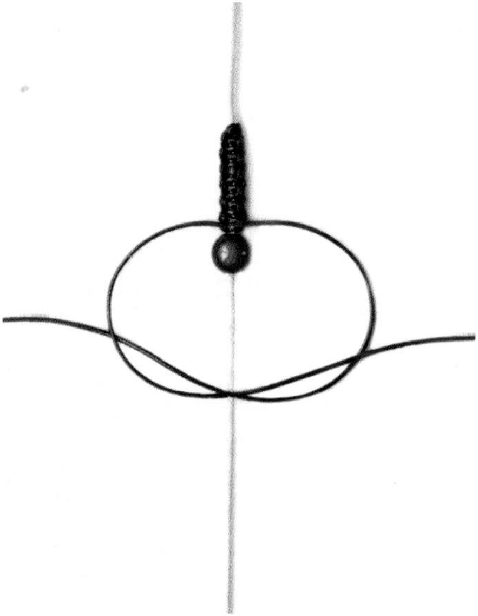

15 - Faites un nœud avec les fils de droite et de gauche pour bloquer la perle.

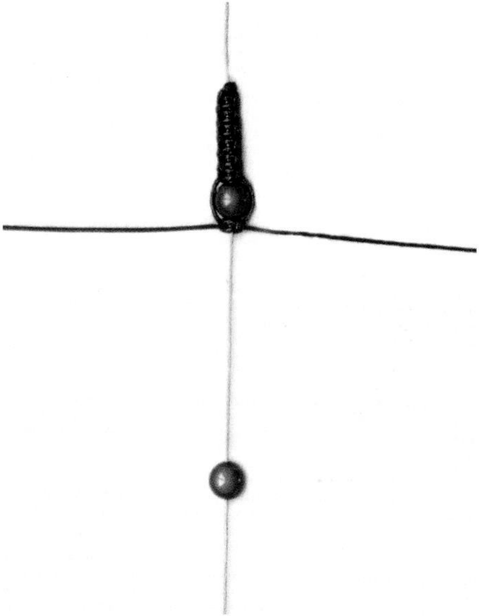

16 - Faites un nœud plat à droite.

17 - Faites un nœud plat à gauche, comme aux étapes 9, 10, 11 et 12.

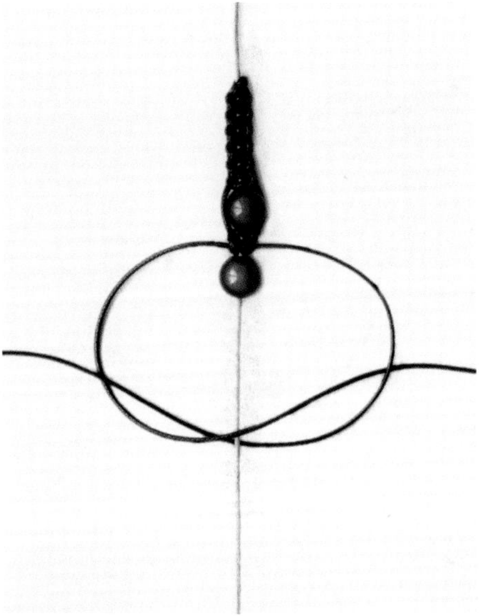

18 - Glissez la deuxième perle contre les nœuds et recommencez les étapes 15, 16 et 17.

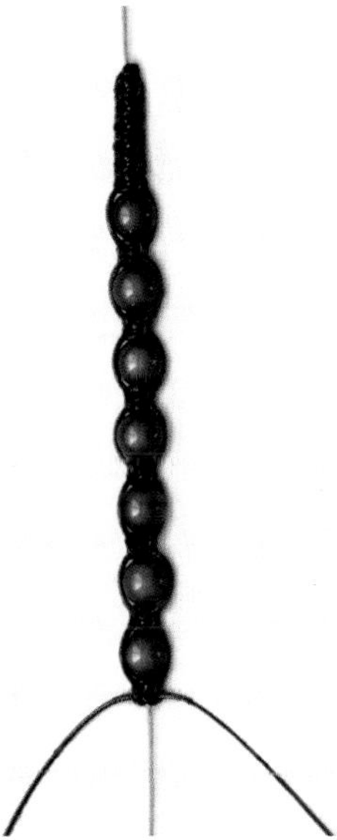

19 - Continuez ainsi jusqu'à ce que toutes les perles soient fixées.

20 - Terminez en réalisant 2,5 cm de nœuds plats alternés puis enlevez le scotch du bas.

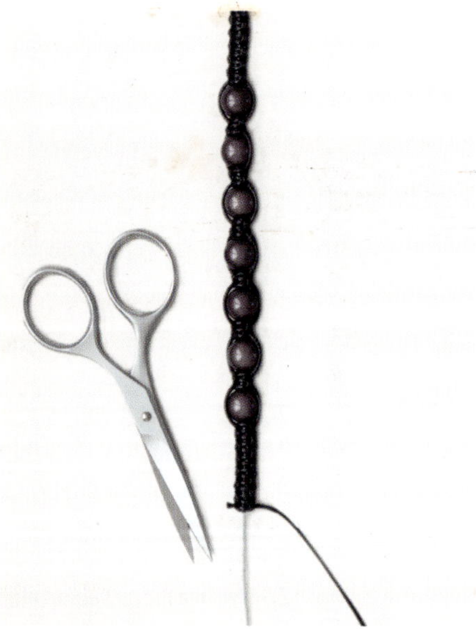

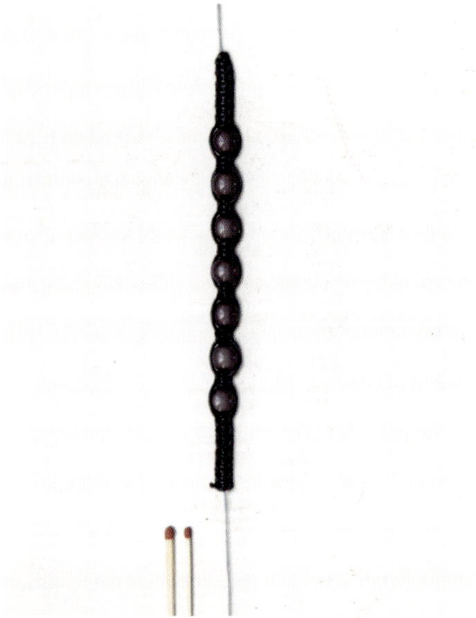

21 - Coupez le fil de nylon qui a servi à réaliser les nœuds, mais pas le fil du milieu. Si vous avez travaillé avec du fil de coton ciré, glissez-les à l'intérieur des derniers nœuds et collez-les.

22 - Chauffez délicatement les extrémités des fils de nylon avec la flamme d'une allumette et écrasez-les avec le pouce au plus près des nœuds.

23 – Arrondissez le bracelet pour le mettre en forme et superposez les deux fils des extrémités.

24 – Pliez en deux le deuxième fil de 40 cm pour repérer le milieu et nouez-le autour des 2 fils du bracelet pour les rassembler.

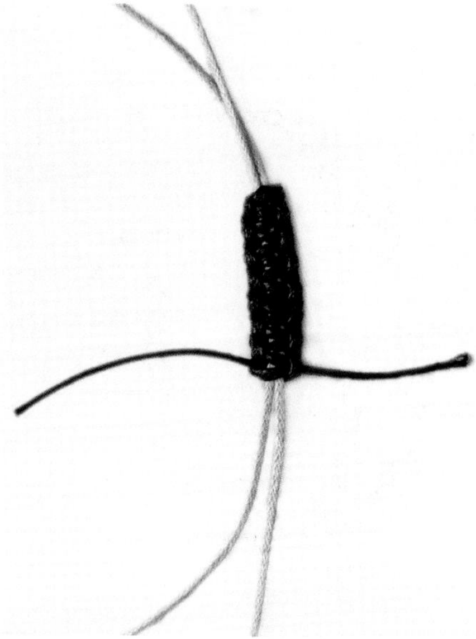

25 - Réalisez avec ce fil 3 cm de nœuds plats alternés en suivant les étapes 5 à 12. La coulisse est terminée.

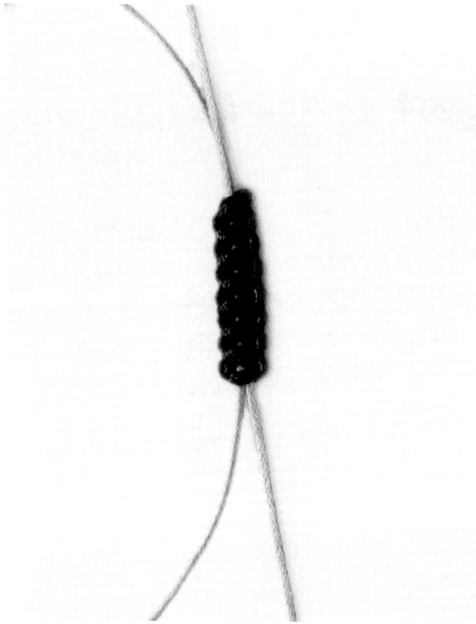

26 - Arrêtez les extrémités du fil qui a servi à réaliser les nœuds en suivant l'étape 22 ou, pour le fil de coton ciré, glissez-les à l'intérieur des nœuds et collez-les.

27 - Enfilez les 2 petites perles sur les 2 fils du bracelet et faites un nœud. Répétez l'étape 22 pour les maintenir.

28 - C'est fini !

LE NŒUD PLAT À DROITE

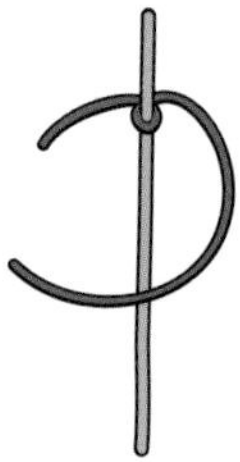

1

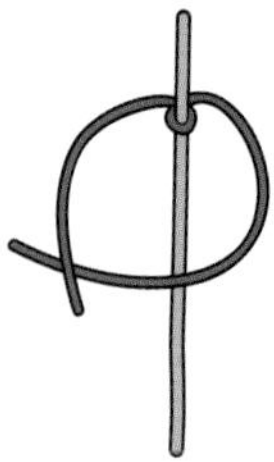

2

1 - Formez une boucle avec le fil de droite, en passant sur le fil du milieu.

2 - Faites passer le fil de gauche sur le fil de droite.

3

4

3 - Passez le fil de gauche sous le fil du milieu.

4 - Ressortez le fil dans la boucle de droite et serrez.

LE NŒUD PLAT À GAUCHE

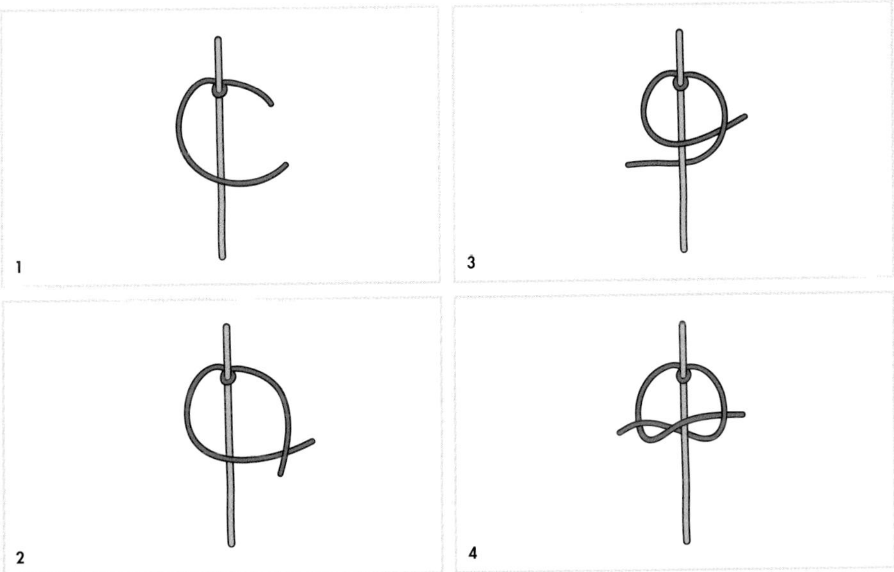

1 - Formez une boucle avec le fil de gauche, en passant sur le fil du milieu.

2 - Faites passer le fil de droite sur le fil de gauche.

3 - Passez le fil de droite sous le fil du milieu.

4 - Ressortez le fil dans la boucle de gauche et serrez.

INSÉRER UNE PERLE

** Si le dernier nœud est à droite, le nœud pour l'insertion de la perle suivante doit être un nœud à gauche.*

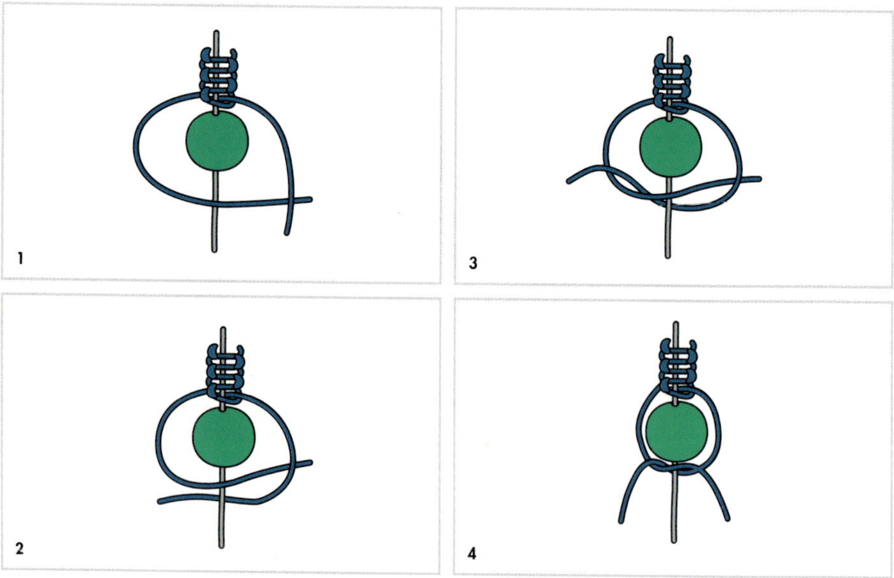

1 - Glissez la première perle contre les nœuds.

2 - Passez le fil de gauche dans la boucle de droite.

3 - Passez le fil de droite dans la boucle de gauche pour faire un nœud.

4 - Serrez le nœud. Continuez en faisant un nœud plat à droite pour toujours alterner le sens des nœuds.*

LE PROCHAIN NŒUD ?

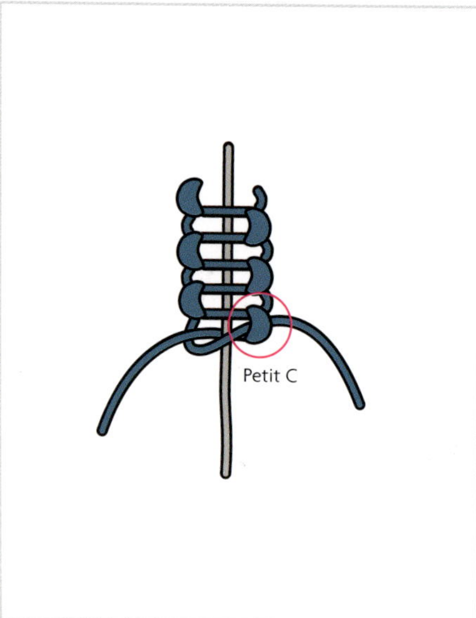

1 - Si le petit C est à droite, vous venez de réaliser un nœud à gauche, donc le nœud suivant est un nœud à droite.

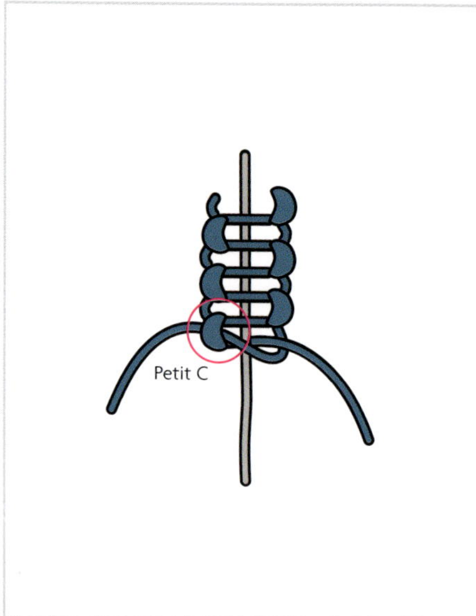

2 - Si le petit C est à gauche, vous venez de réaliser un nœud à droite, donc le nœud suivant est un nœud à gauche.

10 TRUCS ET ASTUCES POUR UN SHAMBALLA PARFAIT

1 - La règle d'or du bracelet shamballa : le nombre impair ! Créez vos bracelets avec 1, 3, 5, 7, 9 et même 11 perles !

2 - Avant de commencer, vérifiez que le fil passe facilement dans le trou de la perle. Si vous avez des difficultés à le passer, utilisez un durcisseur, qui le rigidifiera. Un produit miracle !

3 - Pour que le bracelet soit parfait, appliquez-vous à faire des nœuds réguliers et à bien tendre le fil « colonne vertébrale ».

4 - Si vous avez tendance à trop tirer sur le fil « colonne vertébrale » quand vous réalisez les nœuds, bloquez-le avec des pinces plutôt qu'avec des morceaux de masking tape.

5 - Le nombre de nœuds dépend de la grosseur du fil que vous avez. Adaptez les longueurs au fil que vous utilisez en faisant un petit test de quelques nœuds avant de vous lancer dans la réalisation du bracelet !

6 - Préférez un fil de nylon au fil de coton ciré quand vous débutez. Il se travaille et s'arrête plus facilement. Passez au fil de coton ciré quand vous maîtrisez la technique, ce qui s'acquière très vite.

7 - Prenez des perles avec un peu de poids pour les extrémités du bracelet. Elles équilibreront la coulisse, qui ainsi glissera et s'ouvrira moins.

8 - Quand vous arrêtez le fil de nylon avec une allumette, ne la mettez pas en contact direct avec le fil. Le fil doit fondre mais pas s'enflammer.

9 - Faites toujours une coulisse de 2,5 cm au minimum à un bracelet pour adulte. Si elle est plus petite, le bracelet aura tendance à s'ouvrir.

10 - Si votre fil est un peu vrillé, n'hésitez pas à le repasser avec une pattemouille et un fer à repasser réglé sur doux.

MODÈLE N°2

SHAMBALLA TOUT STRASS

En suivant les explications des pages 10 à 23, commencez le bracelet par 6 nœuds plats alternés. Glissez ensuite 1 perle près des nœuds et faites 3 nœuds plats alternés. Continuez ainsi avec les 8 autres perles, en faisant toujours 3 nœuds plats entre elles, puis terminez par 6 nœuds plats alternés. Pour fermer le bracelet, réalisez une coulisse de 3 cm (environ 22 nœuds plats alternés) et fixez les 2 petites perles argent sur les fils du bracelet. Un joli collier – 1 fil de 80 cm + 1 perle strass blanche + 2 petites perles argent + 1 coulisse de 3 cm... le tour est joué !

1 – 9 PERLES STRASS BLANCHES DE 10 MM DE Ø

2 – 2 PERLES ARGENT DE 4 MM DE Ø

3 – 2 M DE FIL DE NYLON GRIS OU DE COTON CIRÉ DE 0,8 MM DE Ø

MODÈLE N° 3

SHAMBALLA TROIS STRASS

En suivant les explications des pages 10 à 23, commencez le bracelet par 5 cm de nœuds plats alternés (environ 40 nœuds). Glissez ensuite 1 perle de 8 mm près des nœuds et faites 2 nœuds plats alternés. Continuez ainsi avec la perle de 12 mm puis l'autre perle de 8 mm, en faisant toujours 2 nœuds plats entre elles, puis terminez par 5 cm de nœuds plats alternés. Pour fermer le bracelet, réalisez une coulisse de 3 cm (environ 22 nœuds plats alternés) et fixez les 2 petites perles argent sur les fils du bracelet

1 – 2 PERLES ARGENT DE 6 MM DE Ø

2 – 2 PERLES STRASS BLEUES DE 8 MM DE Ø

3 – 1 PERLE STRASS BLEUE DE 12 MM DE Ø

4 – 2 M DE FIL DE NYLON BLEU FLUO OU DE COTON CIRÉ DE 0,8 MM DE Ø

SHAMBALLA MAGIQUE

4

En suivant les explications des pages 10 à 23, commencez le bracelet par 3,5 cm de nœuds plats alternés (environ 34 nœuds). Glissez ensuite 1 perle magique de 10 mm près des nœuds et faites 2 nœuds plats alternes. Continuez ainsi avec 1 perle magique de 10 mm, la perle poudre d'argent et 2 perles magiques de 10 mm, en faisant toujours 2 nœuds plats entre elles, puis terminez par 3,5 cm de nœuds plats alternés. Pour fermer le bracelet, réalisez une coulisse de 3 cm (environ 22 nœuds plats alternes) et fixez les 2 petites perles magiques anis sur les fils du bracelet.

1 – 1 PERLE POUDRE D'ARGENT DE 10 MM DE Ø

2 – 4 PERLES MAGIQUES ANIS DE 10 MM DE Ø

3 – 2 PERLES MAGIQUES ANIS DE 6 MM DE Ø

4 – 2 M DE FIL DE NYLON ANIS DE 0,8 MM DE Ø

2 1 3

SHAMBALLA SOLITAIRE

En suivant les explications des pages 10 à 23, commencez le bracelet par 6 cm de nœuds plats alternés (environ 32 nœuds). Glissez la perle strass blanche près des nœuds et terminez par 6 cm de nœuds plats alternés. Pour fermer le bracelet, réalisez une coulisse de 3 cm (environ 16 nœuds plats alternés) et fixez les 2 petites perles argent sur les fils du bracelet.

1 – 1 PERLE STRASS BLANCHE DE 12 MM DE Ø

2 – 2 PERLES ARGENT DE 6 MM DE Ø

3 – 2 M DE FIL DE NYLON NOIR DE 1 MM DE Ø

MODÈLE N°6

SHAMBALLA BLING-BLING

En suivant les explications des pages 10 à 23, commencez le bracelet par 2 nœuds plats alternés. Glissez ensuite 1 perle argent de 6 mm près des nœuds et faites 2 nœuds plats alternés. Continuez ainsi avec 3 perles magiques rouges, la perle strass, 3 perles magiques rouges et 1 perle argent de 6 mm, en faisant toujours 2 nœuds plats entre elles, puis terminez par 2 nœuds plats alternés. Pour fermer le bracelet, réalisez une coulisse de 2,5 cm (environ 20 nœuds plats alternés) et fixez les 2 petites perles argent sur les fils du bracelet. Pour arrêter le bracelet, rentrez les fils dans les nœuds du bracelet et ajoutez un point de colle.

1 – 1 PERLE STRASS BLANCHE DE 14 MM DE Ø

2 – 6 PERLES MAGIQUES ROUGES DE 12 MM DE Ø

3 – 2 PERLES ARGENT DE 6 MM DE Ø

4 – 2 PERLES ARGENT DE 4 MM DE Ø

5 – 2 M DE FIL DE COTON CIRÉ ROUGE DE 1 MM DE Ø

TABLE DES MATIÈRES

CARNET D'ADRESSES

Matière première
Perles magiques, perles strass, perles argent, fil de nylon et de coton
› Boutique
2, rue de Sévigné
75 004 Paris
Tél. : 01 42 78 40 87
› Boutique en ligne
www.matierepremiere.fr

Mille et une perles
Perles strass et fil de nylon fluo
› Boutique
28, rue Sommeiller
74000 Annecy
Tél. : 04 50 51 86 80
› Boutique en ligne
www.mille-et-une-perles.com

Adeline Klam
Masking tape et autres fournitures de papeterie
54, boulevard Richard-Lenoir
75 011 Paris
Tél. : 01 48 07 20 88
› Boutique en ligne
www.adelineklam.com

SPÉCIALE DÉDICACE

Ils partent pour Séoul demain !
Merci pour tout, Richard et Pascale...

Édité par Hachette-Livre (43, quai de Grenelle Paris Cedex 15)

Imprimé par Estella Graficas, Espagne
Dépôt légal : mars 2013
ISBN : 978-2-501-08543-4
41-2757-7/01

Mise en pages : emigreen.com
Relecture technique : Dominique Montembault
Dessins techniques : Sara Théron

Pour l'éditeur le principe est d'utiliser des papiers composés de fibres naturelles, renouvelables, recyclables et fabriquées à partir de bois issus de forêts qui adoptent un système d'aménagement durable. En outre, l'éditeur attend de ses fournisseurs de papier qu'ils s'inscrivent dans une démarche de certification environnementale reconnue.